JORIS LUYENDIJK

KUNNEN WE PRATEN

Uitgeverij Atlas Contact
Amsterdam/Antwerpen

Omslagontwerp Roald Triebels
Foto's © Hollandse Hoogte
Vormgeving en zetten binnenwerk Perfect Service
Drukkerij Wöhrmann

ISBN 978 90 450 3414 0
D/2017/0108/562
NUR 740

www.kunnenwepraten.nl
www.jorisluyendijk.nl

Inleiding

Bijna twintig jaar werk ik nu als schrijver in de journalistiek en sinds de verkiezing van Donald Trump afgelopen november ben ik echt in verwarring. Dit voelt niet langer als een Tijdperk van Verandering, maar als een Verandering van Tijdperk.

Een indrukwekkend aantal collega-journalisten blijkt de overwinningen van Trump en het anti-EU-kamp in Groot-Brittannië te hebben voorspeld – achteraf. Zelf hoor ik bij de sukkels die op de avond van het Britse EU-referendum rustig gingen slapen, er vast van overtuigd dat alles bij het oude zou blijven. Op de avond van de Amerikaanse presidentsverkiezingen dacht ik voor het naar bed gaan bijna chagrijnig: zal je morgenochtend zien dat de peilingen er wéér helemaal naast zaten... en Clinton niet eens op het nippertje, maar gewoon dik heeft gewonnen.

Rond de zege van Trump verkoos het Oxford Woordenboek 'post-truth' tot woord van het jaar 2016. Het is een moeilijk te vertalen, maar nuttig nieuw begrip voor de momenten waarop 'feiten minder invloed hebben op de publieke opinie dan een beroep op emotie'. Alleen bevalt deze nadruk op emotie als verklaring voor het succes van Trump, Wilders, Le Pen en andere zogenoemde 'populisten'* me absoluut niet.

Mijn woord van het jaar is 'bubble'. In goed Nederlands zeepbel, of gewoon: bubbel. Deze term werd afgelopen jaar opeens populair om te beschrijven dat veel mensen in een kring van alleen gelijkgestemden leven, en zich ontzettend moeilijk blijken te kunnen voorstellen dat anderen de wereld totaal anders zien en ervaren.

* In eerdere versies heb ik eindeloos lopen hannesen met het woord 'populist'. Het is net zo'n woord als 'allochtoon'. Iedereen gebruikt het maar de mensen over wie het gaat ervaren het als een scheldwoord. Noem iemand een 'populist' en je hoeft niet meer op zijn of haar argumenten in te gaan. Het punt is dat ik geen goede andere term kan vinden voor de beweging waar Donald Trump, Geert Wilders, het Brexit-kamp, Marine Le Pen en anderen bij horen. Een heel boek met 'populist' tussen aanhalingstekens is ook storend, maar ze horen er eigenlijk te staan.

Facebook, Instagram, Google en andere internetgiganten schotelen ons zo veel mogelijk die berichten en beelden voor die onze smaak en ons wereldbeeld verder bevestigen. Dan blijven we hangen en kunnen zij meer advertenties en producten verkopen.

Het probleem is dat je zo alles alleen nog vanuit je eigen perspectief of door je eigen filter gaat bekijken. Het wordt steeds moeilijker je voor te stellen dat er goede redenen kunnen zijn voor een radicaal andere kijk op de wereld. Kruisen we dan op Facebook, Twitter of de reageersectie onder aan artikelen en filmpjes het digitale pad van iemand met een radicaal andere kijk, dan wordt het snel een heel akelige scheldpartij.

Met dit boekje probeer ik uit mijn eigen bubbel te breken. Het is niet dik, zodat het in één avond te lezen is. Iedereen mag meelezen, graag zelfs. Maar dit boekje is bedoeld voor iedereen die net als ik het vertrouwen in de traditionele politieke partijen voor een belangrijk deel of helemaal kwijt is. En die dus overweegt om op een partij buiten de gevestigde orde te stemmen, of dit al doet – aan de rechter- dan wel de linkerkant.

U had een aantal dingen een stuk eerder door

dan ik. Kunnen we onze bubbels vergelijken en onze ervaringen op elkaar leggen? Wie weet waar ze overlappen. En kunnen we daarna in gesprek gaan over hoe het verder moet?

Om dit mogelijk te maken heb ik met het *Algemeen Dagblad*, *De Correspondent* en WNL, de omroep van Wij Nederland, de website kunnenwepraten.nl opgezet. Het *Algemeen Dagblad* weet veel PVV- en SP-stemmers aan zich te binden, terwijl op *De Correspondent* vooral mensen uit mijn bubbel komen. Samen met het publiek van WNL heb je zo een goede mix.

Als schrijver heb ik geleerd dat je zulke gesprekken het best kunt beginnen door te vertellen over wat je zelf hebt meegemaakt. Zo kom je voorbij de slogans, en als bonus zijn persoonlijke ervaringen duizendmaal interessanter om te lezen dan de zoveelste mening. Helemaal interessant zijn dan de zogenoemde 'sleutelmomenten': de punten in je leven waarop de wereld zo anders blijkt dan je daarvoor altijd dacht, dat er als het ware een deur opengaat en je die wereld voortaan voor altijd anders ziet.

Als voorzet ga ik dit nu, wat uitgebreider, zelf doen. Eerst schrijf ik precies op waarom ik zelf op de PVV zou kunnen stemmen – of als Brit voor de Brexit, als Duitser op Alternative für Deutschland of als Amerikaan op Trump. Daarna geef ik de argumenten waarom ik dit toch nooit zou doen – terwijl ik tegelijkertijd anderen dankbaar moet zijn dat zij het wel hebben gedaan.

Zoals ik al zei, ik snap het niet meer.

DEEL I

1

Ik ben typisch een kind van progressieve, hoogopgeleide ouders in de Randstad, en het beeld van de wereld dat ik in mijn jeugd meekreeg begon voor het eerst gevaarlijk te wankelen toen ik in 1995 als 23-jarige student naar Egypte verhuisde.

Dat ging zo: in Algerije had het leger de verkiezingen afgelast omdat moslimfundamentalisten ze dreigden te winnen. Die fundamentalisten geloofden in democratie, maar alleen als methode om aan de macht te komen. Daarna hadden ze beloofd haar op te doeken.

Dit is de grote kwetsbaarheid van democratie: je kunt haar langs democratische weg weer afschaffen. Een grapje in die tijd was dat fundamentalisten de democratie niet zagen als het systeem van 'one man, one vote' – iedere burger heeft één stem –, maar als het systeem van 'one man, one vote, one time': iedere burger heeft één stem, één keer.

Ik wilde graag onderzoek doen naar deze fundamentalisten, maar er brak in Algerije een verschrikkelijke burgeroorlog uit. Dus had ik mijn aandacht verlegd naar het grootste land in de Arabische wereld: Egypte. Mijn plan was in de hoofdstad Cairo studenten te ondervragen of volgens hen democratie en mensenrechten samengaan met de islam. Ik leerde Arabisch, want alleen zo kon ik contact maken en vriendschap sluiten met het soort doorsneestudenten naar wie ik nieuwsgierig was: straatarme Egyptenaren die door het rampzalige onderwijs misschien drie woorden Engels kennen en nog nooit een westerling hebben gesproken.

In die tijd zag ik de mensheid als een soort trein. In de voorste coupé zat het Westen en op het voorste bankje Nederland. Als klein kikkerland waren wij het laboratorium voor de gelijkheid van homo's en de legalisering van softdrugs, prostitutie en euthanasie, en wezen zo de rest van de wereld de weg. Zonder een greintje zelfspot spraken journalisten, schrijvers en politici van 'Nederland gidsland'.

Wij Nederlanders hadden het door. En toen werden we in 1988 met het mooiste voetbal op aarde ook nog eens Europees kampioen – door eerst het volledig blanke West-Duitse elftal weg te spelen, en daarna de communistische Russen.

Een jaar later viel de Muur en was de Koude Oorlog met de Russen voorbij. Nelson Mandela kwam vrij om de apartheid in Zuid-Afrika te ontmantelen en Israël begon een vredesproces met de Palestijnen. Overal leek iedereen de democratie te omarmen, want de zoektocht naar het beste politieke systeem was klaar: iedereen wilde worden zoals wij. Hooguit hadden sommige landen of volkeren wat meer tijd nodig voor hun 'bewustwording'. Bijvoorbeeld omdat er armoede heerste of omdat ze 'nog' religieus waren.

Nou, daar dachten de studenten die ik in Cairo leerde kennen anders over. Egypte was ook toen een dictatuur en veel studievrienden werden duidelijk zenuwachtig als ik over democratie of mensenrechten begon. Maar goed, ik had een jaar de tijd en merkte door de maanden heen dat zelfs studenten aan de prestigieuze faculteit Politieke Wetenschappen van de Universiteit van Cairo eigenlijk geen idee hadden wat democratie of mensenrechten in de praktijk zijn. Ze leefden hun hele leven al in een dictatuur, net als hun ouders. Het eigen regime zou wel gek zijn om ze te vertellen wat democratie is;

dat brengt mensen maar op ideeën. Ook het onderwijs was autoritair en ondemocratisch. De docent zei hoe het zit, en als studenten leerden wij dat uit ons hoofd.

Mijn grote verrassing was dat niemand stond te trappelen om te worden zoals ik. Bijna allemaal droomden ze van een visum, absoluut. Maar dat was om in Europa geld te verdienen. Vrijwel iedereen beschouwde het idee dat homo's gelijk zouden zijn aan hetero's, vrouwen aan mannen, en moslims aan niet-moslims als lachwekkend, niet relevant voor Egypte, of levensgevaarlijk. Laat ik het anders zeggen: in dat jaar ontmoette ik misschien een handjevol Egyptenaren dat wél vond dat, zolang je anderen maar geen last bezorgt, ieder mens mag leven zoals-ie wil. Dat handjevol beleed zijn geloof op een manier die erg leek op die van vrijzinnige christenen en joden. Het was een piepkleine, machteloze minderheid.

De overweldigende meerderheid had net zulke diep conservatieve en in mijn ogen zwaar discriminerende meningen als de imams naar wier preken ze luisterden en de Egyptische en Arabische media die ze volgden. Ze waren nog trots op die meningen ook. Sommigen dachten dat ik juist naar Egypte was gekomen om te worden zoals zij. Hun was altijd verteld dat Europeanen zich 'nog' niet massaal bekeren omdat de westerse media hen hebben gehersenspoeld. Mijn verblijf in Egypte zou mij de ogen toch moeten openen. Waar wachtte ik nog op?

Het is bijna niet meer voor te stellen hoeveel zelfvertrouwen het Westen midden jaren negentig had. Terug in Nederland merkte ik in de zomer van 1996 dat ik het moeilijk vond nog in dat blinde optimisme mee te gaan, althans wat betreft immigratie uit het Midden-Oosten. Ik schreef een boek genaamd *Een goede man slaat soms zijn vrouw* – want dat vonden de meeste Egyptische studentes die ik ontmoet had. Een feministische boekhandel in Amsterdam weigerde het te verkopen, en de Duitse vertaling heette opeens *Die Kinder der Midaq-Gasse*: De kinderen van de Midaq-steeg. Wat is dat nou, vroeg ik, waarop Rotbuch Verlag in Hamburg me welwillend uitlegde dat mijn oorspronkelijke titel 'niet politiek-correct' genoeg was.

Dit was mijn eerste sleutelmoment. Ik was tegen een heel belangrijke vraag opgelopen rond immigratie en integratie en daarop kwam geen goed antwoord: hoe houden we een open en vrije samenleving als we ieder jaar opnieuw religieus-conservatieve mensen opnemen die geen ervaring met of kennis van de spelregels van zo'n samenleving hebben? Vooral linkse mensen werden soms ontzettend boos als ik vroeg hoe ze aan de ene kant 'pal stonden' voor de gelijke rechten van vrouwen, homoseksuelen en andersdenkenden, en aan de andere kant voorstander waren van immigratie uit samenlevingen waar op dit moment die gelijkheid niet bestaat.

'Jij bent een halve racist,' kreeg ik soms als antwoord. Of: 'Sommige christenen en joden hier zijn net zo achterlijk.' Maar meestal klonk het opgewekt: 'Ach joh, daar moet gewoon een generatie overheen.'

Hoe graag wilde ik dat destijds geloven. Immigranten komen weliswaar niet hierheen om westerling te worden, maar zodra ze doorkrijgen hoeveel prettiger een vrije en open samenleving is, verandert dit vanzelf. Integratie kun je rustig op z'n beloop laten, want het komt vanzelf goed.

Het optimisme kende in de jaren negentig geen grenzen. Nu het toch overal vrede wordt, dachten ze bij *de Volkskrant*, is een geharde Midden-Oostenveteraan niet meer nodig. Waarom vragen we die jonge gast niet die net dat boekje heeft geschreven? Hij spreekt Arabisch en heeft geen kinderen die naar dure scholen moeten.

Dus ging ik twee jaar later, in 1998, terug naar het Midden-Oosten, als journalist. En daar liep mijn vertrouwen in de gevestigde orde in het Westen opnieuw gevoelige klappen op.

Ik ben opgegroeid met het idee dat wij als westerlingen weliswaar fouten maken, maar uiteindelijk de *good guys* zijn. Wij zijn immers van de Verlichting, mensenrechten, de democratie. Maar in Egypte, Jordanië, Marokko, Saoedi-Arabië en de andere Arabische Golfstaten steunen wij, met wapens, geld en inlichtingen, al tientallen jaren... dictators.

Die dictators hebben een soort monsterverbond met de hoogste conservatieve moslims: deze imams en moefti's zien af van kritiek op het regime en in ruil daarvoor krijgen ze in hun land het alleenrecht om te bepalen wat de islam is. Andere versies – geëmancipeerde en vrijzinnige, maar ook hyperconservatieve en fundamentalistische – drukt de dictator voor hen meedogenloos de kop in. Inclusief dat handjevol verlichte moslimstudenten dat ik had leren kennen aan de Universiteit van Cairo.

Nog geen maand was ik journalist of een organisatie genaamd De Basis ('Al-Qaida' in het Arabisch) blies twee Amerikaanse ambassades in Afrika op.

De westerse steun voor Arabische dictators was zo ongeveer het belangrijkste punt in de propaganda van Al-Qaida. Maar in de westerse politiek en media kwam dit argument totaal niet door, zelfs niet toen drie jaar later de aanslagen van 'elf september' van 'Al-Qaida' zo ongeveer het woord van het jaar maakten. Hoeveel westerlingen weten überhaupt van onze rol bij de onderdrukking van moslims in de Arabische wereld? En hoe konden we nu hopen dat moslims hun geloof zouden moderniseren terwijl we op hetzelfde moment de dictators steunden die dit uit alle macht tegenhielden?

Dat is pure hypocrisie.

Tegelijk verdiepten de aanslagen van Al-Qaida mijn twijfels aan de gedachte dat integratie vanzelf wel goed komt. De belangrijkste leiders van de aanslagen waren prima Duits- of Franssprekende mannen met een hoge opleiding en prima vooruitzichten; succesvolle integratie en fundamentalisme kunnen kennelijk samengaan.

Daarbij kwam dat de kapers zoals alle jihadisten 'In Naam Van Het Geloof' beweerden te handelen. Ergens verwachtte ik toen dat miljoenen moslims overal in Europa en Amerika op een mooie zaterdag hun vrijheid van meningsuiting zouden gebruiken voor een massademonstratie. Wat is er beroerder voor terroristen die zeggen namens alle moslims te vechten dan miljoenen moslims die de straat op gaan met de boodschap 'nee hoor'? Niet om zich te verontschuldigen voor die terroristen, maar als helpende hand in de propagandaoorlog tegen ze.

Zelf demonstreerde ik in de jaren tachtig tegen het Zuid-Afrikaanse apartheidsregime. Dat onderdrukte op een verschrikkelijke manier alle niet-blanken, in naam van 'het blanke ras'. Ik wilde laten weten aan de niet-blanken in Zuid-Afrika dat ik als blanke aan hun kant stond. Het was waanzinnig pretentieus en ik ben blij dat er geen beelden van die demonstratie zijn. Maar geen signaal sturen is ook een signaal sturen. Hoe onrechtvaardig ook: wie zwijgt stemt toe.

De organisatie Een Ander Joods Geluid loopt constant te hoop tegen het beleid van Israëlische regeringen. Die zeggen te handelen namens 'het Joodse volk'. Waarop Een Ander Joods Geluid zegt: dus niet.

Soms gingen westerse moslims inderdaad vrij massaal de straat op. Maar dat was tegen de Israëlische onderdrukking van de Palestijnen, een verbod op hoofddoekjes, of de Irakoorlog.

Zo viel in het Midden-Oosten, als dominostenen in slow motion, de ene optimistische veronderstelling na de andere om.

De klapper was de Irakoorlog. Voor mijn ogen zag ik daar mijn eigen westerse leiders glashard manipuleren, liegen, en uiteindelijk verschrikkelijk falen.

Iedereen herinnert zich het verhaal van de nooit gevonden massavernietigingswapens. Maar vaak wordt vergeten dat het Witte Huis bleef doen alsof de Iraakse dictator Saddam Hussein achter de aanslagen van elf september zat – terwijl Al-Qaida juist de gezworen vijand van dictators als Saddam is.

Nog erger dan de leugens was het ontbreken van een goede voorbereiding. Irak was na tientallen jaren van gruwelijke onderdrukking verduiveld diep verdeeld en getraumatiseerd. Hoe ging Amerika de verzoening en wederopbouw organiseren? Kort voor de invasie waarschuwde een Aziatische diplomaat president George W. Bush bijna smekend dat de invasie van Irak een burgeroorlog zou veroorzaken tussen soennieten en sjiieten. Bush' antwoord: 'Wat zijn sjiieten?'

Zelfs met een goed doortimmerd plan was het voor de Amerikaans-Britse bezetters heel moeilijk geweest democratie naar Irak te 'brengen'. Zonder plan waren ze kansloos. Het land stortte in diepe chaos en duizenden Amerikanen en Britten, en honderdduizenden Irakezen, sneuvelden. Miljoenen raakten gewond, miljoenen moesten vluchten. Er loopt een rechte lijn van de chaos en corruptie onder de Amerikaans-Britse bezetting naar het ontstaan van Al-Qaida's opvolger: IS, ofwel Islamitische Staat.

Als journalist leer je je verplaatsen in de vaders, dochters, ooms en oma's achter de statistiek 'miljoenen gewonden' en het brak mijn hart. Bovendien had de Nederlandse regering de invasie toch gesteund, en meegedaan aan de bezetting?

De uitdrukking wordt veel te vaak gebruikt, maar de invasie en bezetting van Irak was echt 'een schande'.

Tegelijk was en bleef het een 'buitenland-onderwerp' en 'ver van mijn bed'. Ik ging er destijds althans van uit dat mijn eigen leiders met hun cynische leugens en incompetentie weliswaar rechtstreeks bijdroegen aan de ellende in het Midden-Oosten, maar dat ze hun eigen samenlevingen hiervan zouden vrijwaren.

Toen vroeg in 2011 de linkse Britse krant *The*

Guardian me naar Londen te komen om bankiers te interviewen in het financiële centrum van Europa: de City.

2

Twee jaar lang las ik over de financiële wereld, de crash van 2008 en alle schandalen die volgden, en interviewde ik namens *The Guardian* bankiers en bankmedewerkers. Ik voelde in deze periode mijn bezorgdheid en verontwaardiging groeien, vandaar de titel van mijn boek erover: *Dit kan niet waar zijn.*

Het was wel waar. Nog fataler voor mijn vertrouwen in de gevestigde orde: het was allemaal allang bekend. Veel insiders bij banken en in de media deden het boek verveeld af als 'niets nieuws'.

Waarom gebeurde er dan niks? Was de financiële sector immuun voor ontmaskering? Waar waren politiek en journalistiek?

Mijn eerste schok kreeg ik toen bankiers begonnen te vertellen over hun paniek op 15 september 2008. Dit was de dag waarop de Amerikaanse megabank

Lehman Brothers failliet ging en de financiële crisis begon. Urenlang zaten de bankiers verlamd naar hun schermen te staren. Anderen belden naar familie: haal al je geld weg bij de banken en wissel het om voor goud. Sla voedsel in. Een gepensioneerde Nederlandse bankier reed de hele nacht door naar het familiehuis in Zuid-Frankrijk om vervolgens de hele ochtend met zijn volwassen dochters te bellen: kom ook hierheen en neem de kinderen mee. Er zijn zelfs berichten van bankiers die wapens kochten.

Soms kon ik bij partners navragen of ze echt zo'n telefoontje hadden gehad. 'Ik had mijn man nog nooit op die toon horen praten,' zeiden ze dan. 'Ik herkende zijn stem bijna niet meer.'

Een jeugdvriend van me die bankier was geworden in Amsterdam vertelde hoe hij op het hoogtepunt van de crash vanachter zijn bureau uit het raam keek. 'Auto's, motors en fietsen. Overal mensen die opgingen in een gewone werkdag... Die hadden dus geen idee. Ik wel. Mijn collega's ook. Toen ik die dag naar huis ging, was ik echt bang. Ik besefte: zo moet oorlogsdreiging voelen.'

Dat zijn grote woorden en niet iedere bankier die ik sprak was zo in paniek. Zij die dat wel waren geweest, legden uit dat de financiële sector het kloppend hart van de wereldeconomie is. De val van Lehman dreigde andere banken mee te sleuren, en dan kon dat hart ophouden met pompen. Dan stoppen niet alleen de pinautomaten ermee en worden rekeningen gesloten, maar kan de hele wereldeconomie tijdelijk vastlopen, en daarmee weer de bevoorrading van supermarkten, apotheken, tankstations enzovoort. Stel je voor dat honderden miljoenen mensen in grote steden op hetzelfde moment op hun telefoon het bericht krijgen: 'Je kunt niet meer bij je geld en de aanvoer van voedsel en benzine kan ieder moment stoppen.'

Van dat scenario waren we volgens sommige insiders 48 tot 72 uur verwijderd. De Amerikaanse minister van Financiën, Henry Paulson, voelde zich op het hoogtepunt van de crash zo machteloos dat hij met zijn vrouw in de Bijbel ging lezen. Achteraf heeft de toenmalige voorzitter van de Europese Raad, Herman Van Rompuy, verklaard dat we rond de val van Lehman Brothers 'enkele millimeters van een totale implosie' af zaten.

Dat het zo erg was had ik in 2008 dus he-le-maal gemist. Ik dook erin en wat meteen opviel was het diep ingebakken kortetermijndenken bij banken. Sinds de 'liberalisering' van de jaren tachtig en negentig kan iedereen bij een bank in Londen ieder moment zonder waarschuwing worden ontslagen. Veel banken gooien er hoe dan ook ieder jaar een paar procent van de eigen mensen uit, hoe hoog de winst ook mag zijn. Dat houdt de troepen scherp. 'Bij Goldman Sachs weet je nooit of je collega naar de wc is,' vertelde een oud-bankier, 'of zojuist ontslagen.' Gevraagd naar typische beginnersfouten antwoordde een ander: 'Je hechten aan collega's, of toestaan dat zij zich aan jou hechten. Iedereen kan ieder moment verdwenen zijn.' Een ander zei: 'Als je binnen vijf minuten buiten kunt staan, wordt je horizon ook vijf minuten.'

Films als *The Wolf of Wall Street* doen denken dat het probleem met de financiële sector is: slechte mensen die belachelijke risico's nemen. Dit was niet wat ik aantrof. De meeste bankiers waren enorm competitief en ambitieus, maar voor het overige vond ik ze vrij doorsnee. Het probleem is ook niet dat ze risico's nemen. Het probleem is dat ze de gevolgen van die risico's niet zelf dragen.

Niemand is persoonlijk aansprakelijk en als het misgaat kopen banken alles af met 'settlements'. Stelt u zich voor dat u als burger de wet heeft overtreden en dan gewoon geld aan de overheid geeft zodat u verder geen schuld hoeft te bekennen, laat staan straf krijgt. Dit is bij de echt grote banken de norm. Ze zijn niet alleen *too big to fail*, te groot om nog failliet te kunnen gaan, maar ook *too big to jail*, te groot om nog naar de gevangenis te hoeven.

De bankiers die ik sprak waren geen slechteriken. Maar ze werken in een systeem dat hen aanmoedigt en beloont om dingen te doen die slecht zijn voor anderen. Zolang alles goed gaat, kunnen de toppers ieder jaar een nieuwe auto of een nieuw huis kopen. Maar als het fout loopt, hoeven ze die auto's of huizen niet te verkopen. Dan betalen anderen de prijs: aandeelhouders, obligatiehouders, klanten, belastingbetalers.

Tot 2008 hadden zogenoemde 'kredietbeoordelaars' allerlei ingewikkelde financiële producten als superveilig en dus zeer waardevol beoordeeld. De crash begon toen die producten opeens waardeloos bleken. Want wie betaalden al die jaren de kredietbeoordelaars voor hun 'objectieve' beoordeling? De banken zelf! Alsof een recensent door mij wordt betaald voor zijn of haar oordeel over dit boekje. Ik dacht zelf aan vijf sterren.

De lijst is langer, maar het punt is wel duidelijk: ons financieel systeem klopte in 2008 van geen kant meer.

Sindsdien is er best wat verbeterd, benadrukten mensen in de City. De kans op herhaling van een crash zoals in 2008 is nu kleiner, net als de impact als-ie toch plaatsvindt. Toch bevestigen veel bankiers wat kritische specialisten zeggen: het beest is beter vastgebonden, maar het DNA is onveranderd. Hoelang voordat die touwen gaan slijten?

Alleen in Groot-Brittannië zijn topbankiers nu persoonlijk aansprakelijk, maar de Britse regering is die regel alweer druk aan het verwateren. Nog altijd kun je in de City ieder moment worden ontslagen en de grootste banken zijn niet zodanig opgeknipt dat ze veilig failliet kunnen gaan. Erger nog: ze zijn nog altijd zo sterk met elkaar vervlochten dat een probleem bij de ene heel snel problemen bij de andere veroorzaakt.

In 2008 verloor de 31-jarige bankier Jérôme Kerviel 4,9 miljard euro van de Franse bank Société Générale. De bank kreeg daarna een rechter zover om Kerviel een boete op te leggen van... 4,9 miljard euro. Dit vonnis is teruggedraaid, maar even zag het ernaar uit dat Kerviel vrijwel alles wat hij de rest van zijn leven nog zou verdienen af zou moeten dragen aan Société Générale.

Dat is persoonlijke aansprakelijkheid en zo kan het dus ook. De meest onverantwoord opererende megabank ter wereld was Royal Bank of Scotland, die in een soort wedstrijd met andere banken blind het meest failliete en giftige deel van ABN Amro kocht; volgens velen de meest roekeloze overname uit de moderne geschiedenis.

Royal Bank of Scotland moest uiteindelijk voor miljarden belastinggeld worden 'gered'. De hoogste baas daar was destijds Fred Goodwin. Anders dan Kerviel had hij de wet niet overtreden en dus is het te verdedigen dat hij niet werd vervolgd. Maar in de jaren daarvoor had Goodwin tientallen miljoenen aan bonus gekregen voor dingen die uiteindelijk voor miljarden aan schade veroorzaakten. Toch hoefde hij, behalve zijn ridderorde, niks terug te geven. Sterker nog, hij mocht zijn pensioen van meer dan driehonderdduizend pond per jaar houden.

Andere 'topbankiers' die faalden zijn precies zo behandeld, net als de commissarissen. Niemand hoefde iets terug te betalen en velen werken nog steeds in de sector. Veel hoge Britse toezichthouders die het in de jaren voor de crash allemaal lieten gebeuren zijn inmiddels... zelf overgestapt naar een bank.

Ik sta hier zo lang bij stil omdat ik drie punten wil maken: ons financieel systeem is veel belangrijker en gevaarlijker dan veel mensen lijken te denken. De redenen waarom het systeem zo gevaarlijk is, zijn helemaal niet zo moeilijk te begrijpen. Toch pakt geen politieke partij dit op.

Ik snap dat de gevestigde orde in politiek en media op het hoogtepunt van de crash niet van de daken schreeuwde hoe groot het gevaar was. Dan zou je precies de paniek krijgen die je vreesde. Maar ook toen het systeem was gestabiliseerd is er geen gevestigde partij naar de kiezers gestapt met de boodschap: dit is er mis met onze sector en dit is ons plan om er wat aan te doen. Gevestigde journalisten hebben ze daartoe evenmin gedwongen, en de massamedia lijken op hun beurt alleen geïnteresseerd in smeuïge verhalen over bonussen.

Maar bonussen zijn een symptoom van het probleem; waarom zou een hardwerkende bankier die uitzonderlijk werk levert aan zijn klanten geen beloning mogen krijgen? Zolang de bank waar deze persoon werkt maar eerlijk moet concurreren en veilig failliet kan gaan, en de bank en de bankier zelf de volle consequenties dragen als het misgaat.

De belangrijkste vraag is niet hoe hoog de bonussen dit jaar zijn, de belangrijkste vraag is waarom we na de crash de banken niet simpel, eerlijk en veilig hebben gemaakt.

Eerder zei ik dat ik tijdens dit onderzoek mijn bezorgdheid en verontwaardiging voelde groeien. De politici die dit catastrofale financiële systeem in de afgelopen tientallen jaren lieten ontstaan of er actief aan meebouwden, zaten bij alle gevestigde partijen. En na hun ambtstermijn... accepteerden de kopstukken prachtige banen in datzelfde systeem.

Oud-PvdA-premier Wim Kok werd commissaris bij ING, terwijl Onno Ruding eerst als CDA-minister de regels voor de financiële sector in Nederland versoepelde en toen topbankier werd bij Citibank... De DSB van Dirk Scheringa was een magneet voor VVD'ers en na de crash mocht de goedlachse oud-minister van Financiën, Gerrit Zalm, ABN Amro gaan leiden. CDA-premier Jan Peter Balkenende en PvdA-minister van Financiën Wouter Bos stroomden door naar zo'n accountantskantoor dat zowel lucratieve klussen voor banken doet als hun cijfers zogenaamd objectief controleert.

Met hun kennis, ervaring en gezag hadden deze mensen na de crash het voortouw kunnen nemen bij de aanpak van de financiële sector. In plaats daarvan gingen of bleven ze er werken, en vroegen zich toen in alle ernst af: jeetje, waar komt dat populisme toch vandaan?

Al met al betekende het onderzoek naar de banken een gigantische dreun voor mijn vertrouwen in de gevestigde politiek. Mijn bezorgdheid en groeiend gevoel van kwetsbaarheid kwamen er soms uit als cynisme of minachting, en zo was ik soms iemand die ik niet wilde zijn.

Vervolgens maakte het boek over de banken ook nog eens een kettingreactie los van nieuwe inzichten.

3

Door mijn boek over de banken kreeg ik honderden uitnodigingen voor lezingen en debatten, eerst in Nederland en met iedere nieuwe vertaling elders in Europa. Aan het eind waren er meestal vragen uit de zaal, en moest ik opvallend vaak vertellen of ik voor mijn leven vreesde.

De toon bij zo'n vraag was altijd oprecht en de zaal leek het ook geen rare vraag te vinden; kennelijk was ik niet de enige wiens vertrouwen in de gevestigde orde klappen had gekregen. Overigens krijg ik inderdaad wel eens een rotopmerking naar mijn hoofd van bankiers of financieel journalisten, en de hoogste baas van ING, Ralph Hamers, deed mijn boek in een bijzin af als 'roddelblad'. Chris Buijink, voormalig topambtenaar bij Economische Zaken en huidige baas van de bankenlobby, zei: 'Succes met je businessmodel.'

Hier sprak weinig respect uit, laat staan bereidheid tot dialoog. Maar het is toch wat anders dan een huurmoordenaar op me af sturen.

Ruim anderhalf jaar duurde de lezingentour uiteindelijk en mijn grote ontdekking was de ideologie die onze samenleving nu in zijn greep heeft en mij hard in populistische richting duwt. De ideologie heeft geen officiële naam, en de aanhangers krijgen rode vlekken in hun nek als je hun wereldbeeld een ideologie durft te noemen. Ze zien zichzelf als nuchtere experts. Ideologie, dat is voor opgewonden fanatiekelingen en... populisten.

Volgens mij hebben we wel degelijk te maken met een ideologie met allerlei veronderstellingen en aannames over hoe mensen en de wereld in elkaar zitten en zouden moeten zitten. Ik ging dit stapje voor stapje snappen, en het begon ermee dat veel lezers lieten weten dat ze in mijn boek zoveel uit hun eigen leven herkenden.

Hun multinational of grootbedrijf had ook die totale focus op winst – ten koste van de moraal en het onderscheid tussen goed en kwaad. Het kortetermijndenken bij banken in Londen kwam hun heel bekend voor, net als de cultuur van angst en de doorgeslagen concurrentie – niet alleen met andere bedrijven maar zeker ook binnen het eigen team of de afdeling... Het leek allemaal net hun eigen oliemaatschappij, farmaceutische gigant, softwarebedrijf, verzekeraar of advocaten-, consultancy- of accountantskantoor.

Of iemand stak bij een lezing de hand op en zei: 'Die banken in de City die door onbeheerste schaalvergroting zo groot zijn geworden dat de top geen idee meer kan hebben wat er beneden gebeurt; een top die vooral bezig is met de eigen carrière, geen loyaliteit meer voelt jegens de organisatie, en die greep probeert te houden op het geheel met winstdoelen ofwel targets; onderling vertrouwen en principes die plaats moeten maken voor alsmaar meer regels; regels die enorm ver van de praktijk afstaan want die top staat dat ook... Nou, dat is net mijn ziekenhuis.'

Bij een volgende lezing zei iemand hetzelfde, maar was dat laatste woord 'scholengemeenschap', 'universiteit' of 'onderwijsinstelling'. Tot mijn verbazing keken sommige professoren voor ze me in vertrouwen namen eerst over hun schouder of niemand meeluisterde. Ze waren bang voor hun eigen managers.

In heel Europa ging dit zo en ook als ik begon

over Nederlandse politici die doorstromen naar de financiële sector, knikte de zaal. Die hadden ze in Zweden, Denemarken, Finland, Spanje, Frankrijk of Groot-Brittannië ook: oud-premier Tony Blair (Labour) ging voor twee miljoen pond per jaar als 'speciaal adviseur' naar de Amerikaanse reuzenbank JP Morgan, oud-premier John Major (Conservatieven) naar de Zwitserse bank Credit Suisse, oud-minister van Financiën tijdens de crash Alistair Darling (Labour) naar de Amerikaanse bank Morgan Stanley en oud-leider van de Conservatieven William Hague naar de Amerikaanse financiële gigant Citibank. Enzovoort.

Dat was wel heel toevallig. Wat was er gaande in heel Europa dat mensen verspreid over zo ongeveer alle sectoren van de samenleving dezelfde dingen herkenden? 'De City is overal,' vatte *Trouw*-journalist Stevo Akkerman het samen, en de prominente voorvechter van veiligere banken Rens van Tilburg schreef: 'De City maakt in al haar extremen vooral zichtbaar wat overal in de samenleving gebeurt.'

Bijvoorbeeld de journalistiek. Ooit werkte ik voor de VPRO en ik herinner me nog precies het moment dat die omroep zijn onafhankelijkheid verloor aan een centrale 'netmanager'. Deze ging alles 'afrekenen' op targets, kijkcijfers in televisieland. Uiteraard voerden we daarna nog steeds gesprekken over de inhoud. Maar de ochtend na uitzending luidde de eerste vraag nu: 'Hoe zijn de cijfers?' Razendsnel werd dat de basis voor hoe we nadachten over de kwaliteit van ons werk.

Als journalist heb je vaak een specialisme, bijvoorbeeld de zorg, het midden- en kleinbedrijf of Zuid-Amerika. Je houdt de ontwikkelingen bij, en iedere dag stel je jezelf de vraag: 'Wat is het belangrijkste dat de burgers in mijn land over mijn onderwerp moeten weten?'

Op het moment dat de kijkcijfers gaan bepalen of jij je baan houdt, verandert die vraag in: 'Hoe zorg ik ervoor dat meer mensen naar mijn programma kijken?' Anders gezegd, je gaat kijken naar wat je publiek wíl horen, in plaats van wat het móét horen. Je gaat op zoek naar een 'formule' die 'nieuwsconsumenten' in het verleden volgens 'de cijfers' leuk vonden. Vervolgens 'bedien' je ze met een variant daarop.

Op een zeker moment kreeg ik de nieuwe gastenlijst van het programma *Wintergasten*. Dit was ooit begonnen als een interviewreeks met internationale grootheden met een belangrijke boodschap. Bisschop Desmond Tutu uit Zuid-Afrika over verzoening na de apartheid. Oud-wereldkampioen schaken en oppositie-activist Garry Kasparov over democratie in Rusland. Directeur Wadah Khanfar van het satellietkanaal Al-Jazeera over de Arabische media. Schrijfster Naomi Klein uit Canada over klimaatverandering. De Amerikaanse econoom Jeffrey Sachs over armoede in de wereld.

Nu kreeg ik een lijst met James Bond-acteur Roger Moore, televisiekok Nigella Lawson en de Chileense schrijfster Isabel Allende. Iedereen is interessant, als je maar kan doorvragen. Maar waar waren de ernstige onderwerpen gebleven?

Het bleek dat deze drie gasten net als ikzelf goed lagen bij de doelgroep die de netmanager met ons programma wilde bedienen: vrouwen van boven de vijftig.

Dat was het einde van mijn carrière als interviewer op televisie. Tegelijk zag ik bij de krant waar ik toen werkte hetzelfde gebeuren. Midden jaren negentig was NRC *Handelsblad* net als veel andere kranten in Nederland in handen van een stichting. Toen moest het net als andere kranten 'de markt op'. NRC werd gekocht door investeerders uit Londen en daarna weer doorverkocht. En weer doorverkocht. 'Wij zijn geen krant meer, maar een bedrijf,' zeggen collega's die er nog werken. Winst is niet meer een middel om zonder overheidssubsidie een krant te maken. Winst is nu het doel en de krant het middel.

Dat het internet de advertentieinkomsten van kranten wegvaagt is bekend. Minder besproken is hoe, los van het internet, deze 'marktwerking' de serieuze journalistiek vanbinnen uitholt.

Stel, de premier kondigt een aanpassing aan op een deel van de wet op de zorg. Als journalist moet je dan weten hoe de zorg op dit moment in elkaar zit, en waarom volgens de regering aanpassing nodig is. Je moet uitzoeken waarom de oppositie tegen die aanpassing is; gaat-ie te ver of juist niet ver genoeg? Dan is er de vraag of de oppositie alle belanghebbenden vertegenwoordigt. Of zijn er nog andere stemmen in 'het veld' die worden vergeten of genegeerd?

Dit is veel werk, en je stuk wordt snel taai en technisch. Sommige 'nieuwsconsumenten' zouden zich buitengesloten kunnen voelen en om te voorkomen dat die doorbladeren, wegzappen of verderklikken moet alles kort. Als journalist weet je dus van tevoren dat je veel van je werk niet eens zult kunnen gebruiken. Het kost daarnaast echt tijd, energie en creativiteit om te bedenken hoe je taai materiaal simpel en begrijpelijk presenteert, zonder dat het simplistisch wordt.

Vergelijk dit nu met een bericht over de vraag of de premier goed reageerde toen een andere politicus hem op een bijdehante manier belachelijk maakte vanwege dat plan voor aanpassing van een deel van de wet op de zorg. Dit knip en plak je in een uur of minder bij elkaar: je kijkt even op Twitter, belt wat rond voor 'reacties' en klaar is de stagiair. Zo'n bericht is waarschijnlijk ook nog leuker en past in de paar honderd woorden of de 1 minuut 38 seconden die je van de redactiechef hebt gekregen. Daarom brengen politieke redacties tegenwoordig zo vaak verhalen over de laatste mediastunt van de oppositie, en is politieke journalistiek grotendeels veranderd in journalistiek over politici: hoe gaat Mark reageren op de opmerking van Alexander dat Geert niet zo gemeen moet doen tegen Sybrand?

Om dezelfde reden gaat het altijd weer over die opiniepeilingen, zelfs nu blijkt dat ze er iedere verkiezingsdag faliekant naast zitten. Zulke 'politiek als paardenrace' en 'scorebordjournalistiek' is makkelijk te produceren en makkelijk te 'consumeren'.

De tijd is voorbij dat journalisten willen opvoeden. Journalisten moeten tegenwoordig scoren en het probleem is niet politieke maar commerciële correctheid.

Soms begin ik hierover tegen collega's in Europa. Eigenlijk overal is de reactie: bij ons gaat het tegenwoordig precies zo.

4

Op een dag dronk ik na afloop van een lezing in Terneuzen met een leraar die net voor zijn pensioen zat een biertje. Ooit was hij op de dorpsschool begonnen, waar hij iedere ochtend op de fiets naartoe reed. Nu carpoolde hij met een groep collega's naar een gigantische scholengemeenschap aan de overkant van de Westerschelde. Hij vertelde over de bureaucratie en de 'prestatiedialogen' die zijn school nu moet voeren met de inspectie. 'Vaak zitten we in die auto een uur lang te foeteren,' vertelde hij. 'Ik werd leraar om jonge mensen iets mee te geven. Niet om in een leerfabriek een of ander "rendement" te halen.' Hij zuchtte: 'Ze maken het vak kapot.'

Als ik lees over 'groeiende steun voor populisme' moet ik vaak aan deze leraar denken. Ik besefte dat ik om precies dezelfde reden zo aan het afknappen ben op de gevestigde journalistiek: het is steeds moeilijker om m'n vak nog te doen.

Ik vertelde hier een keer over in een televisieprogramma en stond na afloop naast een beveiliger te wachten op de taxi. 'Dat had over mijn bedrijf kunnen gaan,' knikte hij. 'Ik werk er al vanaf het begin. De baas die het heeft opgebouwd is een goede kerel. Hij was er voor ons en iedereen hielp elkaar, collega's onder elkaar. Vorig jaar heeft-ie het verkocht aan investeerders. Binnen een maand was de hele sfeer weg. Nu is het gewoon een baan. Voor geld.'

Dezelfde verzuchting hoorde ik bij lezingen van verplegers en artsen, professoren, leraren en schooldirecteuren, en soms boekhandelaren die de lezing organiseerden; veel boekwinkels zijn de afgelopen jaren overgenomen door investeerders. Die weten weinig of niets van het boekenvak, maar alles van fiscale en juridische constructies. 'Dan kreeg ik zo'n gast van 26 over de vloer die economie had gestudeerd, en die ging mij dan vertellen welke boeken ik in de etalage moet leggen.'

De City is inderdaad overal, leek het wel, en in zijn internationale bestseller *Identiteit* legt de Vlaamse psychiater Paul Verhaeghe helder uit waarom dit zo'n ramp is voor mensen die hun werk goed willen doen.

Dat schaalvergroting leidt tot meer bureaucratie en afstand tussen vakmensen en de leiding snapt iedereen – ik zag het zelf toen ik van de NRC met 150 redacteuren naar de acht keer grotere *Guardian* overstapte. Met 1200 mensen kun je veel minder dingen nog informeel 'regelen', en moet je regels maken. Daar heb je managers bij nodig, en managers voor die managers. Zo verschuift de macht van de vakmensen naar de vergaderaars die over de regels gaan.

Verhaeghe maakt duidelijk hoe marktwerking eenzelfde effect heeft. Marktwerking betekent concurrentie. Dat doe je met targets. Om te weten wie het 't beste heeft gedaan moet je meten en vergelijken. Bij kijkcijfers is dit makkelijk, maar in de zorg, het onderwijs en op andere terreinen betekent het steeds meer en steeds ingewikkeldere formulieren invullen. Anders kan er niet gemeten worden. Zo krijg je nog meer bureaucratie, en nog meer macht voor de managers met de meetinstrumenten. De verliezers zijn de vaklieden, die ook nog eens tegen elkaar worden opgezet. Ze zijn voortaan immers met elkaar in concurrentie.

Kan het zijn dat in heel Europa een soort Verbouwing van de samenleving gaande is volgens twee duidelijk herkenbare principes? Alles moet 'de markt op', en alles moet groter. Ofwel: marktwerking en schaalvergroting.

Zie bijvoorbeeld de Europese 'oplossing' voor de Griekse eurocrisis. De Griekse verzorgingsstaat wordt uitgekleed, overheidsdiensten worden geprivatiseerd en de regering in Athene moet bezittingen verkopen.

In heel Europa wordt nu precies zoals eerder in de City van Londen is gebeurd de ontslagbescherming stap voor stap teruggedraaid ('flexibilisering'). Overheidsdiensten moeten bedrijven worden ('verzelfstandiging' of 'privatisering'), terwijl kinderdagverblijven en andere instellingen voor zorg en onderwijs moeten fuseren ('samengaan'). Universiteiten en hogescholen worden vervolgens in Europa overal op dezelfde manier ingericht ('harmonisering').

Flexibel, zelfstandig, harmonie... Het zijn onschuldige, zelfs positieve woorden. Maar de sfeer bij mijn lezingen was allesbehalve positief. Ik besloot mijn licht op te steken bij de Verbouwers zelf. Ik las een aantal van hun boeken en zocht ze op voor een gesprek; niet alleen bankiers in de City, maar ook diplomaten, ambtenaren en politici in Brussel ('eurocraten') en nationale politici die ik in mijn bubbel regelmatig tegen het lijf loop.

Generaliseren is altijd lastig, maar het meest opvallend aan de antwoorden van de Verbouwers was hun onwrikbare geloof in de heilzame werking van concurrentie en 'de markt'. Tegelijk ontbrak ieder geloof in de noodzaak van een echte toekomstvisie of utopie voor die samenleving. Sterker nog, de rechtse Verbouwers vonden dat hele idee van een gemeenschap niks. 'De markt' weet het eigenlijk altijd beter, zeiden ze, en dan citeerden ze de Amerikaanse oud-president Ronald Reagan: 'De overheid is niet de oplossing voor uw problemen. De overheid is het probleem.' Vaak volgde de opmerking van Reagans favoriete Europeaan, de Britse premier Thatcher: 'Er bestaat niet zoiets als de samenleving. Er zijn slechts individuen en families.'

Tegelijkertijd wisten de Verbouwers precies wat 'de burger' en 'de gewone man' van hun leiders willen: meer welvaart ofwel economische groei. 'It's the economy, stupid,' zeiden ze de Amerikaanse president Bill Clinton na: alles draait uiteindelijk om de economie, sufferd. Ten slotte wisten ze ook nog eens zeker dat je die groei het beste krijgt door marktwerking en schaalvergroting.

Vandaar dat hun antwoorden op eigenlijk al mijn vragen neerkwamen op 'meer Europa' en 'meer markt'. De toverwoorden zijn 'stabiliteit' en There Is No Alternative, TINA. Er Is Geen Alternatief, en wie dit toch beweert en een werkelijk andere politieke koers wil, is wat de Verbouwers betreft een 'radicaal' die doet aan 'polarisatie' en, jawel, populisme.

Zo kwamen de Verbouwers ook op hun verklaring voor dat populisme: gewone mensen snappen niet wat goed voor ze is, of ze laten zich opjutten. Verbouwers hadden allerlei lijstjes paraat waaruit moest blijken hoe goed de ontevreden burgers het eigenlijk hebben – en hoe dom of verwend ze dus zijn. Sociaaldemocratische Verbouwers (in Engeland soms schamper zacht-links, 'soft left', genoemd) voegden daaraan toe dat de vruchten van hun systeem tegenwoordig oneerlijk verdeeld worden. De oplossing voor het populisme was dan om 'verliezers van de globalisering' wat meer geld te geven.

Hoe meer gesprekken ik voerde, hoe duidelijker me werd dat deze ideologie een land of continent niet ziet als een gemeenschap van burgers, maar veel meer als een soort arena of fabriek voor zo efficiënt mogelijke consumptie en productie. Voor Verbouwers gaat politiek in een democratie niet over wat voor land je wil en kan zijn, maar over het verder 'uitrollen' en managen van de marktwerking en schaalvergroting.

Er is geen alternatief en bij verkiezingen kun je de kapitein veranderen, maar niet de koers van het schip. Daar gaat 'de politiek' namelijk niet over.

Bijna snapte ik het nu, en de mentaliteit die hoort bij dit wereldbeeld legde niemand me zo goed uit als een recruiter die ik in de City van Londen had leren kennen. Hij helpt bankiers aan een nieuwe baan en voert dus lange gesprekken over hun wensen en angsten. Wanneer zijn klanten moeten beslissen waar ze willen werken en wonen, vertelde hij, kijken ze eerst naar rechtszekerheid: hoe betrouwbaar is de overheid? Want ze willen niet dat op een dag opeens hun bezittingen worden afgepakt. Daarna is de enige vraag waar ze, binnen de wet, zo weinig mogelijk belasting hoeven te betalen.

Dit zijn de meest mobiele en flexibele mensen die je je kunt voorstellen, zei de recruiter. Nationale identiteit vinden ze onzin, en solidariteit is voor hen niet meer verbonden aan een land. Een hoogopgeleide professional in de City heeft veel meer met een hoogopgeleide half-Chinese, half-Amerikaanse collega in New York, Hongkong of Rio de Janeiro dan met een landgenoot die werkt als lerares of verpleger in Manchester of Birmingham.

Dat woord is volgens mij de kern: solidariteit. In e-mails van lezers, voor de vragenstellers bij lezingen en in het werk van kritische schrijvers over dit systeem gaat het steeds om het wegvallen daarvan: tussen landen, tussen burgers en binnen organisaties.

Zie de verzekeraar die het in eeuwen opgebouwde vertrouwen bij klanten misbruikte om ze woekerpolissen te verkopen, puur omdat het op dat moment niet werd verboden door de wet. Zie de bank die kleine ondernemers glashard rampzalige financiële producten aansmeert. Het bedrijf dat ondanks de mooie winst toch door de aandeelhouders wordt gedwongen naar een lagelonenland te verkassen. Zie de hoogste bazen van ABN Amro en ING die hun inkomen niet meer vergelijken met dat van anderen in hun eigen bedrijf, maar met 'topbankiers' in het buitenland. Zie de baas die zichzelf na het ontslaan van vijfduizend van zijn eigen mensen beloont met een mooie bonus. Want dat was heus geen leuke klus.

Tot midden jaren negentig werd het woord 'solidariteit' heel veel gebruikt door politici, net als de vraag 'hoe sociaal zijn we?' In die tijd werd vaak gewaarschuwd voor 'Amerikaanse toestanden'. Die laatste uitdrukking is vrijwel verdwenen. Zou dat zijn omdat je moeilijk kunt waarschuwen voor iets waar je allang middenin zit?

Die leraar in Terneuzen die zo gefrustreerd was over marktwerking en schaalvergroting in het onderwijs had nog iets gezegd: 'Wanneer waren de verkiezingen waarin ik hiervoor kon stemmen?'

Dit was het sleutelmoment: in heel Europa heeft sinds de jaren tachtig een soort Sluipende Verbouwing plaatsgevonden en die is nooit als een echte keuze aan de kiezers voorgelegd – laat staan dat die kiezers eerlijk alle nadelen en risico's zijn verteld. De omarming van marktwerking en schaalvergroting, maar ook de toetreding van nieuwe landen tot de EU, de NAVO of de eurozone... Het waren steeds voldongen feiten, maar omdat alle gevestigde partijen er achteraf mee instemden was het zogenaamd 'democratisch'.

Zoals gezegd horen de mensen achter deze Sluipende Verbouwing tot mijn bubbel. Ik ken er een aantal persoonlijk en een deel is naar mijn indruk helemaal niet zo gelukkig met dit systeem. Maar ze zien ook geen manier om de rijdende trein tot stilstand te brengen. Sommigen zien geen alternatief en anderen lijken er oprecht in te geloven. Volgens mij bedoelen de meesten het goed, en beschouwen ze zichzelf als een soort ouders: wij doen wat nodig is. Soms is dat streng zijn, en vaak zullen de kinderen dit niet of nauwelijks begrijpen. Dan krijgen ze even een driftbui. Maar uiteindelijk hebben we het beste voor met ons kroost, dus laat ons nu maar begaan.

De ideologie achter de Sluipende Verbouwing mag van de aanhangers niet zo heten. Ze heeft dus ook geen officiële naam. Moest je er toch eentje verzinnen, dan zou dit 'neoliberale technocratie' kunnen zijn. Technocratie wil zeggen dat de belangrijke beslissingen worden genomen door ongekozen experts. Zo was de Sovjet-Unie een communistische technocratie. Neoliberaal betekent dat uiteindelijk alles draait om een zo klein mogelijke rol voor de overheid en zo veel mogelijk concurrentie via markten.

De neoliberale technocraten geloven enorm in keuzevrijheid en individuele verantwoordelijkheid. Dat spreekt mij erg aan. Maar ze zijn blind voor nationaal, regionaal of religieus ‘wij-gevoel’. Vragen over goed en kwaad laten ze over aan de wet, en ze ontkennen simpelweg dat tussen mensen culturele verschillen kunnen bestaan die onoverbrugbaar zijn. Immigratie, marktwerking en ‘meer Europa’ zijn goed want de economie groeit ervan. Mensen willen nu eenmaal niets liever dan meer welvaart. Daarmee is de kous af.

De neoliberale technocraten zitten bij alle traditionele politieke partijen en hun werk zal niet makkelijk terug te draaien zijn. Burgers hebben de afgelopen tientallen jaren namelijk heel veel invloed op hun leven uit handen gegeven. Want veel macht is de afgelopen tientallen jaren overgeheveld naar technocratische instellingen. Naar de Centrale Banken bijvoorbeeld, naar de Wereldhandelsorganisatie (WHO), naar speciale tribunalen bij nieuwe akkoorden over ‘vrijhandel’ (nog zo’n positief woord), naar kredietbeoordelaars, en natuurlijk naar de EU en de eurozone in hun huidige vorm.

De Europese Centrale Bank neemt extreem belangrijke beslissingen over onze toekomst en is met de ‘geldverruiming’ (weer zo’n woord) bezig met een bijzonder riskant experiment. Net als andere centrale banken in het Westen is de ECB ‘onafhankelijk' gemaakt – een positief woord voor het feit dat kiezers er eigenlijk niks meer over te zeggen hebben.

De Europese Commissie bracht met de technocraten van de ECB de regeringen van Griekenland en Italië ten val, en ze dwongen de Ierse regering de eigen banken te redden. De Europese Commissie grijpt steeds dieper in bij lidstaten, steeds met het TINA-argument: 'Er Is Geen Alternatief'. Problemen worden opgelost met schaalvergroting. Er moet een Europese kapitaalmarkt komen, een Europees leger en de ECB dwingt als toezichthouder banken er feitelijk toe te gaan fuseren. Dit heet consolidatie – weer zo'n positief woord voor het feit dat we nog grotere banken krijgen.

Neoliberale technocraten zijn duidelijk beter in het vinden of bedenken van mooie termen dan ik. 'Verbouwers' klinkt een beetje kinderachtig en 'neoliberale technocratie' krijg je bijna je mond niet uit.

Maar hoe beter ik hun programma en de bijbehorende mentaliteit ben gaan begrijpen, hoe meer ik de behoefte voel de macht terug te veroveren. Mijn probleem is niet dat ik alle aspecten van de Verbouwing afwijs – er zitten, denk ik, duidelijke voordelen aan marktwerking en schaalvergroting.

Mijn probleem is dat het buiten mij om is besloten en wordt doorgevoerd, dat ik binnen dit programma als kiezer geen echte alternatieven voorgelegd krijg, en er dus maar één manier lijkt om 'nee' of 'stop' te zeggen: op een protestpartij stemmen.

Daarom waren die mensen bij lezingen volgens mij zo gefrustreerd. Ze willen het gevoel van controle over hun samenleving terug. In goed Engels heet dat 'take back control'. Laat dit nu net de slogan zijn van een groep figuren met wie ik in mijn veilige bubbel helemaal niets dacht te hebben: het Britse anti-EU-kamp.

5

Toen in de late winter van 2016 in Groot-Brittannië de campagne over het EU-referendum begon, woonde ik bijna vijf jaar in Londen. De lezingentournee over de banken was klaar en ik dacht: hier ga ik eens goed voor zitten.

Op dat moment was ik wat ik nu zou noemen 'blind pro-EU'. Ik ben atheïstisch opgevoed en bij ons thuis was Hitler wat voor gelovige christenen en moslims de duivel is. De nazi's konden aan de macht komen dankzij blind nationalisme. Dat was dus levensgevaarlijk, en Europese eenwording ging ervoor zorgen dat nationalisme nooit meer een kans kreeg. Nederland zou, terwijl het tegelijk opging in 'Europa', gewoon hetzelfde blijven. Tegenstanders moesten wel nationalist zijn, en dus neonazi. Wat is er in vredesnaam – letterlijk – tegen samenwerking?

De ontdekking van de Sluipende Verbouwing had me sceptisch gemaakt over de manier waarop de EU vorm krijgt. Maar Europese eenwording zelf was nog altijd iets puur positiefs.

Het viel niet mee, de referendumcampagne. Anders dan in de rest van West-Europa wordt de Britse publieke opinie sterk beïnvloed door kranten en schandaalkrantjes (*tabloids*) die in het bezit zijn van een vijftal miljardairs.

Rupert Murdoch bijvoorbeeld is een vertrouweling van de familie Trump en mede-eigenaar van het Amerikaanse Fox News, de tv-zender die in 2003 miljoenen Amerikanen wijsmaakte dat Saddam Hussein achter de aanslagen van elf september zat. Murdoch bezit ook de grootste krant van Groot-Brittannië, *The Sun*, waar hij regelmatig op de redactie te vinden is. Gevraagd waarom hij zo anti-EU is, antwoordde Murdoch ooit: 'Als ik naar Downing Street ga [waar de Britse regering zit], doen ze wat ik zeg; ga ik naar Brussel, dan ziet niemand me staan.'

In Engeland zie je dag in, dag uit in iedere krantenkiosk voorpagina's met verzonnen of zwaar misleidende gruwelverhalen over de EU, niet alleen in *The Sun* maar ook in *The Daily Express* ('EU-verkrachters die we niet mochten deporteren') en in *The Daily Mail*, die de dag van het referendum opende met een kop over 'het kapotte en stervende Europa'.

Dit heeft naar mijn idee echt invloed. *The Guardian* geldt als 'pro-EU' maar ook daar hoorde ik collega's bloedserieus verzuchten dat 'de EU gewoon de manier van Duitsland is om alsnog de Tweede Wereldoorlog te winnen'. Wat zeg je op zoiets? 'Europa' ('Yurup') is voor Engelsen nog net geen scheldwoord. Maar de meeste mensen vertrekken geen spier als Brexit-boegbeeld Boris Johnson zegt geen wezenlijk verschil te zien tussen Hitlers plannen met Europa, en die van de EU. Of als een parlementslid het EU-lidmaatschap vergelijkt met het 'vastgeketend zijn aan een lijk'.

Toen ik in Israël werkte moest ik me als niet-Jood een paar keer verantwoorden voor de Holocaust. Dat was uiterst onaangenaam, net als wanneer ik in Arabische landen de westerse steun aan dictators moest 'uitleggen'. In de aanloop naar het EU-referendum zat ik opeens in het hokje 'jullie Europeanen'.

Ik merkte dat ik in m'n schulp kroop, en besefte: zo zal een moslim in het Westen zich voelen met die eindeloze stroom negatieve berichten over 'jullie moslims'. Ik vind het nog steeds erg jammer dat moslims in Europa niet massaal de straat op gaan tegen Al-Qaida of Islamitische Staat. Maar ik ging wel beter begrijpen waarom niet.

Eenmaal in mijn schulp was het heel aanlokkelijk om alleen nog nieuws te volgen dat mijn 'blind pro-EU'-standpunt bevestigde. Of eigenlijk: om dat hele belabberde 'debat' verder maar te negeren.

Het 'Eruit'- ofwel 'Leave'-kamp verspreidde vooral leugens en valse beloftes: dat Turkije ieder moment bij de EU kon komen en er dus miljoenen Turkse immigranten in aantocht waren. Dat vertrek uit de EU geld zou opleveren in plaats van kosten. Dat de EU Groot-Brittannië harder nodig heeft dan andersom.

Het 'Remain'-kamp had hier een verhaal tegenover kunnen zetten waarom de EU over zoveel meer gaat dan geld. In plaats daarvan gooiden ze het op de angst en zeiden in feite dat de EU weliswaar een ramp is, maar dat hervormingen onmogelijk zijn, en eruit stappen een nog grotere ramp is.

Het Remain-kamp kreeg zelfs niet over het voetlicht waar EU-contributie voor wordt gebruikt: een Brits of Nederlands bedrijf kan eenmalig bij de EU een product of dienst laten goedkeuren om dit dan in 27 andere EU-landen zonder bureaucratie of kosten te verkopen. Zonder EU krijg je 28 keer andere regels, ontworpen door instellingen in 28 verschillende landen. Bedrijven moeten dan 28 verschillende producten maken. Dat is zo'n voordeel van schaalvergroting: één centrale bureaucratie kan efficiënter en goedkoper zijn dan 28 losse.

Waren er nu echt geen betere argumenten tegen de EU dan leugens en overdrijvingen over kosten? Mijn pro-EU-bubbel voelde steeds beperkter, en in het Midden-Oosten en bij de banken had ik het meest geleerd van groepen buiten mijn blikveld. Ik ging online op zoek, zowel op de linkerflank als op de rechterflank van het anti-EU-kamp. En er ging een wereld voor me open.

Zowel links als rechts begon direct over democratie. Gesteld dat je democratie niet ziet als het achteraf bekrachtigen van wat er op Europees niveau is besloten, maar als de plek waar burgers samenkomen om te bepalen wat voor samenleving ze willen zijn... Waar komen de Europeanen dan samen? Waar of wat is het Europese demos, ofwel 'het volk'?

Politiek is nog nationaal, zeiden de sceptici, maar

de macht ligt nu bij de EU. Bedrijven die rijk genoeg zijn kunnen dus in Brussel lobbyen, terwijl politici vaak op nationaal niveau moeten terugvechten. Dat verliezen ze.

Zie hoe grootbanken constant dreigen met vertrek als hun politieke eisen niet worden ingewilligd of er werkelijke hervormingen worden aangekondigd. Ook andere multinationals spelen EU-landen schaamteloos tegen elkaar uit, op zoek naar het zwakste toezicht, de beste voorwaarden en de laagste belastingtarieven. Dit lukt vaak prima; kijk bijvoorbeeld naar de geheime belastingdeals die ze daarover konden sluiten met Luxemburg. Wie was als premier van Luxemburg destijds verantwoordelijk voor veel van die deals? Jean-Claude Juncker, tegenwoordig voorzitter van de Europese Commissie.

Ook economisch lag alles veel minder simpel. Ik dacht altijd: groot is goed dus groter is beter. De EU is met 510 – zonder de Britten 446 – miljoen mensen de grootste economie ter wereld. Samen staan we sterk. Maar die grootte heeft juist nadelen, stellen Britse sceptici. De EU is log. Erger nog: de noodzaak 28 landen tevreden te houden werkt verlammend.

Ooit bestond Europa uit staten en staatjes die ieder een soort laboratorium waren voor goed bestuur. Als er eens eentje de lucht in ging was dat geen totale ramp. Nu zijn al die laboratoria opgegaan in de EU, waar voor iedereen dezelfde regels moeten gelden. Het resultaat: eenheidsworst.

Wij moeten weer kunnen experimenteren met eigen wetten, regels, belastingtarieven en handelsverdragen, zeiden sceptici. Een land kan dingen laten mislukken en daaruit leren. Maar dat mag niet van 'Brussel'...

En wat betreft vrede in Europa, zeiden sceptici gnuivend: daar hebben we de NAVO voor.

Er bleken behalve goede argumenten voor de EU ook goede argumenten ertegen te bestaan. En uiteindelijk was bijna alles een dilemma.

Neem de kwestie 'baas in eigen land'. Bij Europese integratie worden sommige dingen die Nederland aangaan voortaan besloten door niet-Nederlanders. In ruil daarvoor hebben we een stem aan de tafel van de grootste economie ter wereld. Daar kunnen we onze nationale belangen en die van onze bedrijven verdedigen. We kunnen ook de EU inzetten om in de wereld iets gedaan te krijgen. Zonder EU verdwijnt die tafel en worden voortaan de dingen waarbij we nu inspraak hebben voor ons besloten door machtige landen die gewoon hun gang zullen gaan.

Dat is de uitruil. Via de EU hebben we macht en invloed in Europa en op wereldschaal, maar binnenslands leveren we macht in. Niet meer helemaal baas in eigen huis, maar wel invloed op de buurt waarin we wonen. Een dilemma, zoals ook de euro dat is: duidelijke voordelen, bijvoorbeeld dat onze bedrijven bij hun Europese plannen geen rekening hoeven te houden met schommelingen in wisselkoersen. De enorme nadelen zijn inmiddels wel duidelijk.

Waarom hebben de voorstanders en de EU deze dilemma's nooit nuchter en kalm met de kiezers gedeeld? Hadden ze zo weinig vertrouwen in hun eigen overtuigingskracht?

Britse 'eurosceptici' kunnen echt minachtend en neerbuigend doen over Europa en Europeanen. Dat sommigen desondanks sterke argumenten hebben, voelde als een nederlaag. Maar dit was niks vergeleken met mijn sleutelmoment over immigratie.

6

Behalve de racisten en de neonazi's was in mijn jeugd eigenlijk iedereen voor immigratie. Waarom zou je het andere mensen niet gunnen om hierheen te komen zodat ze konden worden zoals wij?

Zonder dit goed te beseffen was ik dus niet voor een multiculturele maar voor een multiraciale samenleving. Sommige Nederlanders zouden voortaan wat kleurrijker zijn, maar onze cultuur bleef wat-ie was – zoals Oranje in 1988 met Gullit, Rijkaard en Vanenburg hetzelfde aanvallende voetbal bleef spelen als Cruijff en Neeskens in 1974.

Hoe kon je hier nu tegen zijn – tenzij je iets had tegen mensen met een donkere huid?

In mijn jeugd waren er ook nauwelijks immigranten. Oost-Europa werd bezet door de Russen, die de boel potdicht hielden met hun IJzeren Gordijn.

De Arabische dictators deden hetzelfde. Nederland ging zijn mensen zelf halen in Marokko en Turkije. Het idee was dat deze 'gastarbeiders' snel weer terug zouden gaan.

Als andere landen een grote muur bouwen om te voorkomen dat hun bevolking naar jou toe komt, is het erg makkelijk om voor 'openheid' en immigratie te zijn. En dat bleef ik, ook nadat mijn studiejaar in Egypte een zaadje van twijfel had geplant: hoe wisten we zo zeker dat conservatieve immigranten hun ongeëmancipeerde ideeën over vrouwen, homo's en andersdenkenden niet op hun kinderen zouden overdragen?

Maar in mijn eigen bubbel kwam ik steeds meer hoogopgeleide kinderen van immigranten tegen, die het levende bewijs waren dat er bij hen inderdaad 'gewoon een generatie overheen moest'.

Verder hebben hoogopgeleiden zoals ik in economische zin alleen maar profijt van immigranten. Ze concurreren niet om het soort banen waarop hoogopgeleiden solliciteren – vanwege hun taalachterstand of omdat hun diploma's uit het land van herkomst toch niet erkend worden. Ze bieden niet op het soort huizen in 'goede' buurten waar hoogopgeleiden wonen. Zo komen hun kinderen met hun taalachterstand en aanpassingsproblemen niet op het soort scholen waar die van de hoogopgeleiden zitten. Concurrentie door Oost-Europeanen drukt tegelijkertijd de tarieven van de loodgieter, de schilder en de timmerman.

Hoe dieper de tweedeling in een samenleving, hoe meer dit speelt, merkte ik in Groot-Brittannië. Daar heeft de elite eigen privéscholen, klinieken, tandartspraktijken en ziekenhuizen. Rijke Britten merken er niets van als opeens grote aantallen immigranten het openbaar onderwijs en de zorg gaan gebruiken.

Ik ben de laatste jaren regelmatig bij bijeenkomsten en debatten over immigratie geweest. Terugkijkend viel me op dat fanatieke voorstanders het net als ikzelf vroeger als een soort moreel examen lijken te zien: ben jij wel fatsoenlijk? De discussie ging ook altijd over hoe we 'het draagvlak' en de maatschappelijke steun konden versterken, nooit over de vraag of immigratie eigenlijk een goed idee is. De argumenten van fanatieke voorstanders wisselden ook nogal eens, viel me op. Van 'morele plicht' en 'hou je toch niet tegen' via 'het is juist goed voor het land' naar 'bittere noodzaak'. Echt in de war zag ik fanatieke voorstanders alleen raken wanneer een immigrant in de zaal zich uitsprak tegen verdere immigratie. Zo iemand 'racist' noemen is lastig. Dat werd dan 'ondankbaar' of 'inconsequent'.

Dit was het goede van het Brexit-debat: het taboe op discussie over immigratie verdween. In de campagne werd regelmatig openlijk gediscrimineerd. Maar voor wie ze wilde horen kwamen er ook doordachte vraagtekens aan de oppervlakte: als 'het opnemen' van immigranten van buiten de EU een morele plicht is, waarom nemen we dan alleen degenen op die mensensmokkelaars kunnen betalen? Hoe weet je dat je immigratie 'toch niet' kunt tegenhouden of onder controle brengen, als je het niet eens probeert? Het soort werk dat laag- en ongeschoolde immigranten kunnen doen wordt de komende decennia overgenomen door robots. Immigratie door hoogopgeleiden is wel goed voor het land, economisch, maar daarmee dus een verlies voor het land van herkomst – moeten we dat niet juist zijn getalenteerde mensen gunnen? Immigratie is absoluut een manier om vergrijzing en bevolkingsdaling op te vangen. Maar jonge gezinnen helpen bij het krijgen van meer kinderen is dat ook, en dan heb je geen integratievraagstuk. Ten slotte is er de kwestie waar ik in Egypte al tegenaan liep: hoe zullen immigranten omgaan met vrijheid en gelijkheid als ze hier in hun land van herkomst nul ervaring mee hebben?

Dat was mijn eerste sleutelmoment rond immigratie en open grenzen: het is net als de EU geen simpele morele plicht, maar een dilemma. Een land kan altijd nog meer mensen opnemen, dus zelfs de meest fanatieke voorstander moet ooit zeggen: 'genoeg'. Bij een miljoen, bij vijf miljoen, bij honderd miljoen.

Wie accepteert dat er altijd meer mensen zullen willen komen, ziet ook dat open grenzen je voor onmogelijke keuzes stellen. Hoe beter je als land zorgt voor je immigranten, hoe meer de burgers van je land zullen denken: hé, waarom worden immigranten voorgetrokken? ('Voordringen bij de Amerikaanse droom' noemde een Amerikaanse vrouw die lang onderzoek deed bij Trump-stemmers dat eens.)

Op het moment dat immigranten dankzij de goede zorgen van de overheid een duidelijke bijdrage gaan leveren aan de samenleving, zal die wrok mee- en uiteindelijk wegvallen. Maar goede zorgen bij open grenzen betekent ook: meer immigranten. Want zoiets zingt rond.

De enige manier om dan de instroom te beperken is door je immigranten een belazerd leven te geven, zodat dit rondzingt en anderen ontmoedigt. Dan ga je immigranten opsluiten in kampen en verbieden te werken. Dat is verschrikkelijk voor die mensen, terwijl de racisten dan kunnen roepen dat alle immigranten zakkenvullers zijn die de hele dag niks zitten te doen.

'Je gaat het pas zien als je het doorhebt,' zei de beroemde denker Johan Cruijff ooit, en zo ging het bij mij. Allerlei mensen bij lezingen met wie ik aan de praat raakte bij het boeken signeren of daarna aan de bar hadden gezegd dat ze het gewoon niet meer snapten: er is werkloosheid onder laagopgeleiden, en toch gaat de immigratie van laagopgeleiden uit EU-landen door. Er zijn wachtlijsten in de zorg en voor woningen, en dramatische toestanden in verzorgingshuizen. Want we moeten bezuinigen. Tegelijkertijd is er wel geld voor opvang van vluchtelingen en immigranten. Aan welke kant staan de leiders van ons land eigenlijk, vroegen mensen bijna fluisterend. Is het echt zo raar om van je leiders te verwachten dat ze de belangen van hun eigen bevolking vooropstellen?

Terugkijkend luisterde ik destijds gewoon niet naar zulke mensen, alsof mijn blinde pro-immigratiestandpunt me de oren sloot. Het is ook niet zo dat ik opeens anti-immigratie ben geworden. Ik denk nog steeds dat ons land en Europa in het algemeen er per saldo op vooruit zijn gegaan; oud-premier Ruud Lubbers is deels Duits, onze koningin Argentijns en Geert Wilders heeft Indisch bloed.

Een land dat geen vreemde invloeden meer in zich opneemt is als een familie waarvan de leden alleen nog met elkaar trouwen. Maar ik zie nu dat je over immigratie vrij moet kunnen praten en dat de kiezer het laatste woord heeft. Een gemeenschap die niet zelf mag bepalen wie tot die gemeenschap behoort, houdt op een gemeenschap te zijn.

Iedereen met een Nederlands paspoort is volwaardig burger van ons land, maar of we er nog mensen bij moeten nemen... Ik ben daar alleen voor als de ruime meerderheid dat ook is. Anders krijg je, denk ik, een breuk in de samenleving en dat zijn mij de voordelen van immigratie niet waard. Ja, door immigratie uit de taboesfeer te halen speel je racisten misschien in de kaart. Maar het alternatief is dat tegenstanders van immigratie alleen bij racisten terechtkunnen.

Wat een dilemma's, maar wat is het logisch dat juist immigratie en de EU zoveel losmaken: beide raken direct aan de vraag wat voor land we willen zijn. Aangezien we in een democratie leven, zou je denken dat de kiezers bij deze vraag het laatste woord hebben. De realiteit is dat we er vaak überhaupt niet over aan het woord komen.

In de kern ging daar naar mijn stellige indruk uiteindelijk de stem voor Brexit over: wij willen zelf weer bepalen wat voor land we zijn. Het Remain-kamp had vol kunnen gaan voor het verhaal dat we een EU moeten bouwen waar we die vraag ook op Europees niveau kunnen stellen en beantwoorden. Dus niet 'meer' of 'minder' Europa, maar: waar willen we onze EU voor gebruiken?

Waarschijnlijk is de Britse publieke opinie de afgelopen tientallen jaren te zeer gehersenspoeld door de schandaalkranten en tabloids van die vijf miljardairs voor zo'n optimistisch en visionair verhaal. Maar misschien had Remain gewoon geen enkel vertrouwen in de bereidheid van eurocraten om echt te luisteren naar wat burgers willen.

Kort na de stem voor Brexit hield het Vlaamse weekblad *Knack* een veelzeggend interview met de voormalig voorzitter van de Europese Raad, Herman Van Rompuy, en oud-eurocommissaris Karel

De Gucht. 'Ik moet altijd lachen als mensen over het democratisch tekort beginnen,' zei Van Rompuy. 'Ik geef toe dat het functioneren van de EU beter moet, maar met het democratisch gehalte is er echt niets mis.' Sterker nog: 'We zijn nu bij wijze van spreken al over-democratisch. Er is een rechtstreeks verkozen parlement, en de Europese Raad bestaat uit eerste ministers en presidenten die allemaal democratisch gelegitimeerd zijn.' Oud-EU-commissaris De Gucht was het hier volledig mee eens: 'Het is idioot om te beweren dat de Europese Unie beter gaat functioneren als je haar democratischer maakt.'

In dezelfde periode werd bekend dat Van Rompuys oud-collega bij de EU, José Manuel Barroso, gaat werken voor... Goldman Sachs. Dit is de bank die enorm profiteerde van de activiteiten die uitmondden in de crash van 2008, die alle vervolging afkocht, en die naar schatting vijfhonderd miljoen dollar verdiende door Griekenland te helpen bij het verbergen van de staatsschuld.

*

In mijn bubbel wordt vaak gezegd dat populismestemmers 'boos' zijn. Als ik naar mezelf kijk, dan ben ik over de houding van Van Rompuy en De

Gucht en het totale cynisme van Barroso niet 'boos'.

Ik ben mijn vertrouwen kwijt in de gevestigde orde waarvan zij het gezicht zijn, maar hiervoor heb ik concrete redenen. Hun incompetentie, hun aan corruptie grenzende vervlechting met de banken, en bovenal de Sluipende Verbouwing van mijn land en de EU tot een neoliberale technocratie.

Boosheid is emotie en met boze mensen valt niet te praten. Niet voor niets hebben we het over 'blinde woede', maar nooit over 'blinde verontwaardiging' of 'blinde bezorgdheid'. Wie verontwaardigd of bezorgd is, heeft argumenten. Daarover kun je in gesprek gaan.

DEEL II

Tot zover mijn verhaal, Kuifje in de Grote Boze Mensenwereld. Ik ben enorm nieuwsgierig naar de sleutelmomenten waarop uw beeld van de wereld ging schuiven, kantelde of instortte. En net zozeer naar de conclusies die u eruit trok.

Ik denk dat populistische partijen een ontzettend goede vraag boven aan de agenda hebben gezet: wat voor land willen wij zijn?

'Take back control', en 'Geef ons ons land terug'; Alternative für Deutschland ofwel: Een Alternatief voor Duitsland. En het e-mailadres nederlandweervanons@pvv.nl.

Gaat 'ik voel me bijna een vreemde in eigen land' eigenlijk wel over de komst van immigranten en de veranderingen die die met zich meebrengt? Want je kunt je ook een vreemde voelen wanneer je ontdekt dat je niet kunt meebeslissen over je eigen toekomst. Of wanneer je het vertrouwen kwijt bent dat jouw leiders met jouw belang voor ogen die beslissingen nemen.

Toch zal ik nooit op populisten stemmen. De reden is dat ze op die heel goede vraag volgens mij het verkeerde antwoord zijn.

Wie weet heb ik dit mis. Sterker nog, ik hoop dat ik het fout zie. Als de populisten niet de oplossing zijn, dan is dat echt slecht nieuws. Voor Nederland en voor alle andere landen waar ze nu hoge ogen gooien of al de baas zijn.

Dit zijn mijn argumenten: populisten zeggen dat ze het land terug gaan geven aan de burgers. Daar ben ik helemaal voor. Maar wat gaan ze met ons land doen? Waar zijn hun plannen?

Zo ben ik oprecht benieuwd naar hoe de PVV de toekomst van Nederland buiten de EU ziet.

We kunnen eruit, want het is geen gevangenis. Maar de EU is evenmin een tijdschrift waarvan je op een achternamiddag als je toch niks anders te doen hebt even het abonnement opzegt. We zijn in de afgelopen vijftig jaar op allerlei manieren diep vervlochten geraakt met elkaar. Als je eruit stapt, moet je dat allemaal opnieuw regelen.

Stel, we kiezen het zogeheten 'Noorse model' en alle EU-landen, IJsland, Liechtenstein en Noorwegen zelf stemmen hiermee in. Dan kunnen we ongehinderd handel blijven drijven met de interne Europese markt, en mogen we voortaan onze eigen handelsovereenkomsten met de rest van de wereld sluiten. Maar in dit model blijven onze grenzen gewoon open voor EU-immigranten. We moeten de Europese regels volgen en contributie betalen.

We kunnen ook de 'Wereldhandelsorganisatie-route' nemen. Dan zetten we een soort muur om Nederland. Het is afgelopen met de contributie, met EU-immigratie en met de Europese regels. Maar bedrijven die naar de zogeheten 'Europese interne markt' exporteren of daarmee intensief samenwerken krijgen te maken met extra bureaucratie, kosten en soms echte hindernissen. Sommige buitenlandse multinationals met hun EU-hoofdkwartier in Nederland zullen willen verhuizen naar de andere kant van de muur. Hetzelfde geldt voor bedrijven die zeer nauw samenwerken met bedrijven elders in de EU, zoals onze auto-onderdelenindustrie. Tegelijk verliezen we, net als in het Noorse model, onze stem in Brussel en daarmee onze invloed op Europese regels. Concurrenten elders in de EU kunnen hun lobby inzetten om die regels dan aan te passen in ons nadeel.

Er is ook nog een 'Turks model' voor uittreding, een 'Zwitsers', je hebt 'Canada plus' en nog een paar varianten. Elk met een eigen menu aan gevolgen en consequenties, risico's en kansen.

De mensen die werken bij Schiphol of in de Rotterdamse haven, in de Nederlandse exportindustrie, het transportwezen, de agrarische sector... Die moeten voordat ze gaan stemmen toch weten hoe de PVV hun belangen buiten de EU denkt te gaan beschermen? Denk aan de bijna een half miljoen Nederlanders die nu in EU-landen wonen of werken, en aan de ruim zeshonderdduizend EU-burgers in Nederland. Wat gebeurt er met hun rechten? Hoe moet het met kinderen uit gemengde huwelijken?

Dus ik ging op zoek. De PVV heeft geen wetenschappelijk bureau dat dingen voor de partij grondig kan uitzoeken, en op de website staan nauwelijks publicaties of rapporten. Wel heb je het verkiezingsprogramma van 2012: 'Wij zijn de enigen die tegen de ongekozen eurocraten zeggen: jullie einde is ons begin. Jullie droom is onze nachtmerrie. Jullie verlies is onze winst. Wij zijn de enigen die zeggen: het moet maar eens afgelopen zijn. Nu weer baas in eigen land. Onze vlag is rood-wit-blauw. Uit de EU. Uit de euro.'

Voor de verkiezingen van maart 2017 is dit teruggebracht tot: 'Nederland weer onafhankelijk. Dus uit de EU.'

Geen woord over hoe we dan uit de EU en de euro zouden gaan, of over de kansen, maar ook over de dilemma's, onzekerheden en pijnlijke keuzes, en het plan van de PVV om daar zo goed mogelijk uit te komen. Zonder de Britten is de EU nog steeds meer dan vijfentwintig keer zo groot als Nederland. De overgebleven landen hebben er geen enkel belang bij ons betere voorwaarden te gunnen buiten de EU dan we hadden als EU-lid.

Mijn eerste reden om niet op een populist als Wilders te stemmen is daarom niet dat ik het met hem oneens ben. Er ligt niet eens een realistisch en onderbouwd plan waar ik het oneens mee kan zijn.

Dit doet me zo denken aan de stoere praat en valse beloftes uit het Brexit-'debat'. Door uit de EU te gaan, riep het Brexit-kamp zo hard ze konden, zijn we van Brussel af, en de rest blijft gewoon bij het oude. Want we houden straks natuurlijk gewoon volledige toegang tot de Europese interne markt.

Nederlanders zeggen 'je kunt niet van twee walletjes eten', Engelsen zeggen 'you cannot have your cake and eat it'. Toen Brexit-boegbeeld Boris Johnson tijdens de campagne meer en meer het vuur na aan de schenen werd gelegd over de vraag welk model hij nu voorstond – vrije handel met open grenzen voor mensen en producten, of grenzen dicht? – verklaarde hij plechtig: 'My policy on cake is pro having it and pro eating it.' Mijn standpunt over taart is dat ik hem tegelijk ga opeten én bewaren.

Dit was grappig, zoals populisten vaak verfrissend humoristisch zijn. Een antwoord was het niet.

Ook Wilders weet met een goede grap of grove belediging vaak behendig weg te duiken voor inhoudelijke vragen. Wordt hij toch klemgezet, dan grijpt hij naar precies dezelfde belofte als Johnson en het Brexit-kamp. Kort voor het Britse EU-referendum bijvoorbeeld, toen Wilders, in een van zijn zeer zeldzame interviews, in *De Telegraaf* alle kritische vragen als 'bangmakerij' wegwuifde: 'Ook Groot-Brittannië zal gewoon toegang krijgen tot de interne markt.'

In het Duitse weekblad *Der Spiegel* beweerde Wilders over een Nexit van Nederland uit de EU hetzelfde. Op de korte termijn zou het wat risico's inhouden, gaf hij toe. Op de lange termijn was het alleen maar goed: 'Enige voorwaarde is dat je toegang houdt tot de Europese interne markt.'

Nou, het Brexit-referendum ligt een klein jaar achter ons en zoals iedereen in Brussel al waarschuwde stevent Groot-Brittannië nu vol af op... een 'harde' Brexit. Als de Britten de grenzen willen sluiten dan mag dat, maar ze verliezen wel de toegang die ze altijd hadden tot de interne markt. Zoals de voorzitter van de Europese Raad, Donald Tusk, in een brief aan Boris Johnson fijntjes voorstelde: 'Koop een cake. Eet hem op. Kijk of de cake er nog is.'

Britse bedrijven die diensten verkopen in de EU krijgen straks echte problemen en de auto-industrie eist gigantische subsidies of vertrekt. De landbouw dreigt zonder EU-arbeiders vast te lopen, net als de zorg, en allerlei Amerikaanse en Aziatische bedrijven staan op het punt te verhuizen of zijn al banen naar de EU aan het overhevelen. Een aantal Nederlanders die al tientallen jaren in Groot-Brittannië wonen zijn al door de overheid gedreigd met deportatie.

Onlangs was premier Theresa May in India voor

een handelsovereenkomst. Want dat mag Groot-Brittannië straks weer: zelf onderhandelen. May kreeg te horen dat de Britten eerst maar eens heel veel meer visa moeten verstrekken aan Indiërs – terwijl de Brexiters juist hadden beloofd immigratie terug te dringen. May heeft al toegegeven dat Groot-Brittannië in de toekomst geld zal blijven betalen aan de EU: wel contributie, geen zeggenschap.

Ze riepen maar wat. Dat is de harde waarheid over de Brexiters die de referendumcampagne domineerden. Maar omdat ze met de ene mediastunt na de andere een inhoudelijk debat grotendeels wisten te vermijden, drong dit nauwelijks tot kiezers door.

Een van die stunts was om in ziekenhuizen folders uit te delen en een bus door het land te laten rijden met de tekst 'We sturen 350 miljoen pond per week naar de EU. Laten we dat liever aan de zorg geven'. Dit bedrag klopte van geen kant en letterlijk binnen een dag na de uitslag werd de belofte ingetrokken. Onlangs gaf het brein achter de campagne openlijk toe dat ze zonder die leugen van 350 miljoen nooit hadden gewonnen.

Donald Trump opereert precies zo. In zijn campagne beloofde hij de grote banken aan te pakken. Hij had een filmpje met daarin beelden van de baas van Goldman Sachs en de tekst: 'Deze mensen werken niet in uw belang.'

Als president heeft hij nu juist allerlei kopstukken van Goldman Sachs benoemd. De grote banken worden niet opgeknipt, integendeel. Trump gaat juist de wetten die na 2008 zijn ingesteld om de banken veiliger te maken, afschaffen. Ook verdwijnen de regels die klanten beter beschermen tegen de banken.

Als je het land terug wil geven aan de burgers, waarom lieg je ze dan voor?

Mijn probleem is niet een Nexit. Als de ruime meerderheid van ons eruit wil, moeten we dat doen. Sterker nog, als het niet lukt om in de komende jaren de EU werkelijk democratisch te maken, wil ik ook weg. Mijn probleem is Nexit op basis van leugens en loze beloftes.

Nogmaals, misschien mis ik iets. Maar het doet me zo denken aan de Irakoorlog. Ook daar zette de regering-Bush een heel goede vraag boven aan de agenda: hoe vervangen we die afschuwelijke dictator Saddam Hussein door een democratie?

Het probleem was het antwoord: we vallen gewoon binnen en dan komt het wel goed. Wie niet voor ons is, is tegen ons – dus geen discussie.

Zo kom ik bij mijn tweede punt van zorg. Krijgen we eigenlijk de kans om mee te praten over het land dat we terug gaan krijgen?

Wilders vaart terecht hard uit tegen de ondemocratische kanten van de EU. Maar zijn eigen Kamerleden kunnen niet eens lid worden van zijn partij. Alles wijst erop dat de PVV-volksvertegenwoordigers hun eigen verkiezingsprogramma pas te zien kregen op de dag dat Wilders dit aan de pers presenteerde. De PVV is ook geen partij, maar een besloten vereniging met één lid, Geert Wilders. Het heeft, zoals de wet vereist, ook twee oprichters: Geert Wilders en de stichting Groep Wilders. Deze stichting heeft één bestuurslid, Geert Wilders, en samen beslissen ze wie partijleider van de PVV mag zijn. Tot nu toe viel de keus steeds op Geert Wilders.

Ik denk dat Wilders oprecht het beste met ons land voorheeft, en ik ben oprecht onder de indruk van de offers die hij brengt. Hij had ook bij de VVD kunnen blijven. Dan was-ie allang beloond met een mooi baantje bij een bank of financiële dienstverlener. Nu moet hij leven met permanente bewaking, waarschijnlijk voor de rest van zijn dagen.

Maar iedereen kan het oprecht bij het verkeerde eind hebben. Daarom werken dialoog, discussie, debat en inspraak zo goed. Elk plan wordt sterker als je het moet verdedigen; binnen je eigen partij, in de media, in debat met politieke tegenstanders.

Inderdaad duurt in een democratie alles langer dan in een dictatuur. Maar alles loopt uiteindelijk veel en veel beter. Wij kunnen zonder angst plannen en voorstellen van alle kanten bekijken en bespreken. In dictaturen zijn mensen veel te bang om de Leider erop te wijzen dat hij iets over het hoofd heeft gezien.

Hoe raar het ook klinkt, Wilders, Trump en de Brexiters zeggen in feite hetzelfde tegen hun kiezers als de neoliberale technocraten van de gevestigde orde tegen wie ze zich zo afzetten: vertrouw ons maar. Ga rustig slapen. Wij gaan het regelen.

Nog zo'n overeenkomst: net als Trump en de Brexiters doet Wilders bijzonder naar over zijn tegenstanders, en gaat hij discussie en verantwoording uit de weg. Daarvoor krijgt hij in mijn bubbel veel kritiek. Maar deed de gevestigde orde de afgelopen dertig jaar niet precies hetzelfde met iedereen die nuchtere kanttekeningen probeerde te plaatsen bij immigratie of Europese eenwording?

Nogmaals, misschien zie ik iets over het hoofd. Maar ik ben echt bang dat Wilders en andere populisten zich, precies zoals hun tegenstanders, hebben vastgebeten in hun eigen gelijk. Dat we straks net zo blind de euro uit stappen als we er ooit in wandelden. Dat rond klimaatverandering de populisten in precies dezelfde fout schieten als eerder de gevestigde orde rond de nadelen en risico's van immigratie: woedend ontkennen en wegkijken. En dat we rond die integratie eerst geen problemen wilden zien, en nu geen oplossingen.

Islam is wat gelovigen ervan maken en in het hele Westen staan moslims nu voor een variant van de heel goede vraag hierboven: 'Wat voor geloof willen wij zijn?' Want in een vrije samenleving kun je dit niet meer overlaten aan de dictator, de imam of je ouders.

Volgens de bekende uitdrukking kun je mensen motiveren met de 'wortel' of met de 'stok'. Duidelijk is dat we integratie niet op zijn beloop kunnen laten. Soms is een stok echt nodig. Maar niks anders dan een stok? Waar is Wilders' wortel?

Mijn grootste zorg heb ik, zoals dat hoort, voor het laatst bewaard. Als ik één ding heb geleerd in Arabische dictaturen, dan is het dat democratie meer is dan verkiezingen. Het gaat vooral over een diep gevoel van veiligheid, en het vertrouwen dat iedereen met macht zich aan de regels zal houden.

Eindeloos heb ik geprobeerd dit uit te leggen aan studenten aan de Universiteit van Cairo. Dat in een democratie iemand van de regering, het leger, de politie of de geheime dienst je niet opeens te grazen kan nemen. Dat zo iemand niet zomaar je bedrijf kan afpakken, je dochter mee kan 'uitvragen', de professor kan dwingen om zoonlief een tien te geven, of je auto in beslag neemt.

Als zoiets je overkomt in een democratie, kun je naar de politie. Doen die niks, dan neem je een advocaat, stap je naar de rechter of een Tweede Kamerlid. Er is een ombudsman, er zijn mensenrechtenorganisaties en natuurlijk de media. Al deze machten controleren en corrigeren elkaar, zodat niets of niemand boven de wet staat. Daarom zijn wij niet bang voor onze eigen overheid.

Dit loopt lang niet altijd perfect. Het gaat regelmatig schandalig verkeerd. Maar het alternatief voor zulke 'rechtszekerheid' is willekeur en angst.

Democratie is als voetballen: het kan er keihard aan toegaan, juist omdat iedereen weet dat er regels zijn die zorgen dat het niet uit de hand loopt. Maar wat nu als een van de voetballers besluit dat de regels voor hem niet gelden? Die de scheidsrechter gaat negeren of vernederen, of afdoet als ‘nep-scheidsrechter’?

Als voetballer weet ik als geen ander dat scheidsrechters soms beslissingen nemen die totaal onrechtvaardig voelen. Maar zonder regels en rechters geldt alleen nog het recht van de sterkste. Dat is een ander woord voor dictatuur.

Ondanks verdachtmakingen van EU-hater Nigel Farage heeft de Britse regering niet gerotzooid met de uitslag van het EU-referendum. Ondanks beschuldigingen van Donald Trump heeft president Obama niet gerotzooid met de uitslag van de Amerikaanse verkiezingen. Hetzelfde met het Oekraïne-referendum in Nederland.

Dat is democratie, en omdat iedereen de regels respecteert durf ik in dit boekje keiharde kritiek te leveren op mensen die veel machtiger zijn dan ik. Om dezelfde reden bent u niet bang om onder uw eigen naam op kunnenwepraten.nl tegen mij in te gaan.

Dat is mijn belangrijkste reden om niet op de populisten te stemmen. Democratie is een kwetsbaar systeem. Gezien hun uitspraken en gedrag ben ik er gewoon niet gerust op dat het bij populisten in veilige handen is.

*

Ik begon dit boekje met dat ik in de war ben. Want wat zou ik dan hebben gedaan, als Amerikaanse kiezer? De Democratische Partij had met Bernie Sanders een kandidaat die tegen de Irakoorlog stemde, nooit geld aannam van de grote banken en een goed doortimmerd plan had voor de aanpak van Wall Street. Wat deed de Democratische Partij? Die steunde unaniem Hillary Clinton, de vrouw die voor de Irakoorlog stemde en het lievelingetje is van Wall Street en Goldman Sachs – net als haar man trouwens, die als president in de jaren negentig Wall Street 'dereguleerde' en zo de crash van 2008 mede mogelijk maakte.

Ik ben ontzettend blij dat we dankzij de Trumpstemmers verlost zijn van de Clintons. De gevestigde orde in de Amerikaanse media en politiek is nu eindelijk 'wakker'. Maar... dat waren ze dus niet geweest als Clinton had gewonnen. Hetzelfde met het Brexitreferendum, waardoor de Labourpartij nu eindelijk de zorgen over immigratie serieus begint te nemen.

Ik weet het ook niet meer. Ik denk dat de populisten ons nog verder van huis brengen, maar tegelijkertijd zie ik dat zonder populisten de gevestigde orde gewoon doormarcheert. Want als een linkse protestpartij hoog scoort, hoor ik niemand zeggen dat nu eindelijk eens naar hun kiezers 'geluisterd' moet worden.

Laat ik mezelf niet sparen. Zonder Brexit, Trump en Wilders was ik in mijn bubbel nooit hard gaan nadenken over alle goede redenen waarom ik zelf bijna op een populist zou stemmen.

Laten we erover doorpraten. Iedereen wint als wij uit onze bubbels breken. En dat gaat zoveel beter als je rustig achter een computer of typemachine kunt zitten denken en herschrijven, dan in een televisiestudio waar je met een enorme lamp op je hoofd live en voor de vuist weg je punt moet maken, in 28 seconden.

Dank u wel voor het lezen.

www.kunnenwepraten.nl

VERANTWOORDING

De uitdrukking 'Tijdperk van Verandering' heb ik geleend van professor Jan Rotmans. Het boek van *Trouw*-journalist Stevo Akkerman over de alomtegenwoordige City heet *Het klopt wel, maar het deugt niet* (uitgeverij Lemniscaat). *Identiteit* van de Vlaamse psychiater Paul Verhaeghe verscheen bij De Bezige Bij.

De utopie van de vrije markt van filosoof Hans Achterhuis (Lemniscaat) is een heel goed boek over de neoliberale ideologie. Wie meer wil weten over de Sluipende Verbouwing van de zorg: *Betere mensen, over gezondheid als keuze en koopwaar* van Trudy Dehue (Atlas Contact).

Een erg sterk boek over de euro en de Europese technocratie is *Europe's Orphan* van de Noorse *Financial Times*-journalist Martin Sandbu. Het is helaas nog niet uit in het Nederlands.

Voorts wil ik graag zeer veel dank zeggen aan Claus Clausen, die me op het idee bracht voor dit boekje. Verder aan Matthijs Rooduijn, Bas Mesters, Stefan de Vries, Olaf Oudheusden, Andrew Franklin, Marei Pittner en iedereen bij het *Algemeen Dagblad*, *De Correspondent*, WNL, Atlas Contact en de boekhandels die meehielpen.

Een apart woord van dank voor Toon van de Put. Niemand kan zo goed strepen in mijn teksten als hij.

Na publicatie van dit boekje op 24 februari is in samenwerking met *Algemeen Dagblad*, *De Correspondent* en WNL kunnenwepraten.nl een goede drie weken open. Een verslag verschijnt later dit voorjaar.

Boeken van Joris Luyendijk

Een goede man slaat soms zijn vrouw
Het zijn net mensen
Een tipje van de sluier
Je hebt het niet van mij, maar...
Dit kan niet waar zijn

Bij de productie van dit boek is gebruikgemaakt van papier dat het keurmerk Forest Stewardship Council® (FSC®) draagt. Bij dit papier is het zeker dat de productie niet tot bosvernietiging heeft geleid. Ook is het papier 100 procent chloor- en zwavelvrij gebleekt.

FSC
www.fsc.org
MIX
Papier van verantwoorde herkomst
FSC® C110751